W0056172

¡Arriba!

Nuevos enfoques para ti

Grammatisches Beiheft 2

C.C. Buchner

¡Arriba!

Nuevos enfoques para ti

Herausgegeben von Melanie Hohmann

Grammatisches Beiheft 2
Bearbeitet von Anna Christina Csenar und Matthias Kyr

Dieser Titel ist auch als digitale Ausgabe unter www.ccbuchner.de erhältlich.

1. Auflage, 1. Druck 2016
Alle Drucke dieser Auflage sind, weil untereinander unverändert, nebeneinander benutzbar.

Dieses Werk folgt der reformierten Rechtschreibung und Zeichensetzung. Ausnahmen bilden Texte, bei denen künstlerische, philologische oder lizenzrechtliche Gründe einer Änderung entgegenstehen.

© 2016 C.C. Buchner Verlag, Bamberg
Das Werk und seine Teile sind urheberrechtlich geschützt. Jede Nutzung in anderen als den gesetzlich zugelassenen Fällen bedarf der vorherigen schriftlichen Einwilligung des Verlags. Das gilt insbesondere auch für Vervielfältigungen, Übersetzungen und Mikroverfilmungen. Hinweis zu § 52 a UrhG: Weder das Werk noch seine Teile dürfen ohne eine solche Einwilligung eingescannt und in ein Netzwerk eingestellt werden. Dies gilt auch für Intranets von Schulen und sonstigen Bildungseinrichtungen.

Redaktion: Lisa Puppel
Layout und Satz: tiff.any GmbH, Berlin
Illustrationen: Katja Rau, Berglen
Druck und Bindung: creo Druck & Medienservice GmbH, Bamberg

www.ccbuchner.de

ISBN 978-3-661-80032-5

Gramática

1 Hablar de la gramática Redemittel

Die Angleichung der Substantive und der Adjektive

la concordancia (die Angleichung)
el número (die Anzahl)
el singular/el plural (die Einzahl/Mehrzahl)

el género (das Geschlecht)
masculino (männlich)
femenino (weiblich)

Die Bildung der Verben und der Zeiten

¿Cómo se forma …? (Wie bildet man …?)
formar (bilden)
la forma correcta (die richtige Form)
terminar en (enden auf)
la terminación (die Endung)
la raíz (der Wortstamm)
la primera/segunda/tercera persona del singular/plural
regular/irregular (regelmäßig/unregelmäßig)
el verbo auxiliar (das Hilfsverb)
el infinitivo (die Grundform: gehen)
el participio (das Partizip Perfekt: gegangen)
el gerundio (das Partizip Präsens: gehend)

Die Unterscheidung

¿Cuándo se usa el verbo …/
 el tiempo …?
la diferencia (der Unterschied)
la palabra clave (das Signalwort)
indicar que (anzeigen, dass)

Etwas entdecken und Vermutungen äußern

¿Qué os llama la atención? (Was fällt
 euch auf?)
Creo que … (Ich glaube, dass …)
Se forma con … (Es wird gebildet mit …)
Se usa cuando … (Man benutzt es, wenn …)

Fehler benennen und korrigieren

cometer un error (einen Fehler machen)
corregir (berichtigen)
Creo que hay un error de …
… concordancia (Angleichung): X es femenino/masculino.
… sintaxis (Satzbau): X va delante/detrás de Y. (X kommt vor/hinter Y.)
… formación (Bildung): Aquí necesitas la primera/segunda/tercera persona del
 singular/plural.
… vocabulario (Vokabular): Es mejor usar X en lugar de Y. (Es ist besser, X an Stelle
 von Y zu benutzen.)
… uso (Gebrauch): En este caso se usa … porque … (In diesem Fall benutzt man …,
 weil …)

2 Los verbos   Die Verben

2 1 Los verbos irregulares en presente   Unregelmäßige Verben in der Gegenwart (Präsens)

In Band I hast du schon einige unregelmäßige Verben kennengelernt.
Zu dieser Gruppe zählen auch traer – bringen und pedir – bitten / bestellen

Das Verb *traer*   (bringen)

	Singular		Plural	
1	yo	**traigo**	nosotros/as	traemos
2	tú	traes	vosotros/as	traéis
3	él/ella/usted	trae	ellos/as/ustedes	traen

Das Verb *pedir*   (bitten)

	Singular		Plural	
1	yo	pido	nosotros/as	pedimos
2	tú	pides	vosotros/as	pedís
3	él/ella/usted	pide	ellos/as/ustedes	piden

2 2 Los verbos modales   Die Modalverben

Im Deutschen kennen wir sechs Modalverben: dürfen – müssen – können – mögen – sollen – wollen. Mit diesen Verben können wir den Inhalt einer Aussage ändern – es ist zum Beispiel ein Unterschied, ob jemand etwas tun *muss* oder tun *darf*. Diese Verben stehen immer mit dem Infinitiv.

Im Spanischen funktionieren diese Verben genauso:

→ **¿Quieres ir** al cine? → querer + infinitivo (Möchtest du ins Kino gehen?)

→ Claro, **podemos ir** a las siete. → poder + infinitivo (Klar, wir können um 19 Uhr gehen.)

→ Pero primero **tengo que** hacer los deberes. → tener que + infinitivo (Aber erst muss ich die Hausaufgaben machen.)

2 3 El futuro perifrástico   Das perifrastische Futur

Um Pläne und Absichten auszudrücken, um also zu sagen, dass etwas in der Zukunft stattfinden wird, nutzt du im Spanischen die Umschreibung mit *ir a + infinitivo*:

→ El próximo sábado **vamos a salir** de viaje. (Am kommenden Samstag werden wir verreisen.)

Person	Präsensform von ir		Infinitiv
yo	voy		caminar
tú	vas		ganar
él/ella/usted	va		hacer
nosotros/as	vamos	a	traer
vosotros/as	vais		escribir
ellos/as/ustedes	van		salir

Im Englischen kennst du ja sicherlich schon das going-to-future. Auch hier wird eine Form des Verbs gehen (going) mit der Handlung im Infinitiv zusammengesetzt: We are going to stay at home at the weekend.

Wenn du ein reflexives Verb verwendest, hast du zwei Möglichkeiten, das Pronomen zu stellen:

→ El fin de semana vamos a quedar**nos** en casa.

→ El fin de semana **nos** vamos a quedar en casa.

Achtung:

Im Deutschen verwenden wir oft Präsens, wenn wir von der Zukunft sprechen:

→ Am Wochenende *bleiben* wir zuhause. (Präsens)

→ Am Wochenende *werden* wir zuhause bleiben (Futur I).

2 4 El pretérito indefinido   Das Pretérito indefinido

Mit dem *pretérito indefinido* kannst du Ereignisse und Handlungen beschreiben, die bereits in der Vergangenheit stattgefunden haben und somit abgeschlossen sind.

Ayer **fui** al cine con mis amigos. (Gestern bin ich mit meinen Freunden ins Kino gegangen.)

Después **cenamos** en el centro. (Danach haben wir im Zentrum zu Abend gegessen.)

Regelmäßige Formen (formas regulares):

Person	verbos en -ar: tomar (nehmen)	verbos en -er: comer (essen)	verbos en -ir: vivir (leben/wohnen)
yo	tomé	comí	viví
tú	tomaste	comiste	viviste
él/ella/usted	tomó	comió	vivió
nosotros/as	tomamos	comimos	vivimos
vosotros/as	tomasteis	comisteis	vivisteis
ellos/as/ustedes	tomaron	comieron	vivieron

formas irregulares (unregelmäßige Formen):

Person	Verben		Endung
yo	estar →	estuv-	-e
tú	tener →	tuv-	-iste
él/ella/usted	querer →	quis-	-o
nosotros/as	poder →	pud-	-imos
	poner →	pus-	
vosotros/as	saber →	sup-	-isteis
ellos/as/ustedes	venir →	vin-	-ieron

Die Verben ser/ir   (sein/gehen, fahren, fliegen)

	Singular		Plural	
1	yo	fui	nosotros/as	fuimos
2	tú	fuiste	vosotros/as	fuisteis
3	él/ella/usted	fue	ellos/as/ustedes	fueron

Das Verb hacer   (machen, tun)

	Singular		Plural	
1	yo	hice	nosotros/as	hicimos
2	tú	hiciste	vosotros/as	hicisteis
3	él/ella/usted	hizo	ellos/as/ustedes	hicieron

G

Das Verb *decir* (sagen)

	Singular		Plural	
1	yo	dije	nosotros/as	dijimos
2	tú	dijiste	vosotros/as	dijisteis
3	él/ella/usted	dijo	ellos/as/ustedes	dijeron

Das Verb *leer* (lesen)

	Singular		Plural	
1	yo	leí	nosotros/as	leímos
2	tú	leíste	vosotros/as	leísteis
3	él/ella/usted	leyó	ellos/as/ustedes	leyeron

Das Verb *preferir* (bevorzugen)

	Singular		Plural	
1	yo	preferí	nosotros/as	preferimos
2	tú	preferiste	vosotros/as	preferisteis
3	él/ella/usted	prefirió	ellos/as/ustedes	prefirieron

Das Verb *seguir* (folgen)

	Singular		Plural	
1	yo	seguí	nosotros/as	seguimos
2	tú	seguiste	vosotros/as	seguisteis
3	él/ella/usted	siguió	ellos/as/ustedes	siguieron

Das Verb *dar* (geben)

	Singular		Plural	
1	yo	di	nosotros/as	dimos
2	tú	diste	vosotros/as	disteis
3	él/ella/usted	dio	ellos/as/ustedes	dieron

Das Verb *ver* (sehen)

	Singular		Plural	
1	yo	vi	nosotros/as	vimos
2	tú	viste	vosotros/as	visteis
3	él/ella/usted	vio	ellos/as/ustedes	vieron

Das Verb *dormir* (schlafen)

	Singular		Plural	
1	yo	dormí	nosotros/as	dormimos
2	tú	dormiste	vosotros/as	dormisteis
3	él/ella/usted	durmió	ellos/as/ustedes	durmieron

Das Verb *morir* (sterben)

	Singular		Plural	
1	yo	morí	nosotros/as	morimos
2	tú	moriste	vosotros/as	moristeis
3	él/ella/usted	murió	ellos/as/ustedes	murieron

Wie im presente stehen die reflexiven Verben auch im indefinido nie allein, sondern haben immer Reflexivpronomen bei sich, die **vorangestellt** werden:

divertirse (sich amüsieren/Spaß haben)

Person	Reflexivpronomen	divertirse
yo	me	divertí
tú	te	divertiste
él/ella/usted	se	divirtió
nosotros/as	nos	divertimos
vosotros/as	os	divertisteis
ellos/as/ustedes	se	divirtieron

caerse (hinfallen)

Person	Reflexivpronomen	caerse (hinfallen)
yo	me	caí
tú	te	caíste
él/ella/usted	se	cayó
nosotros/as	nos	caímos
vosotros/as	os	caísteis
ellos/as/ustedes	se	cayeron

2 5 El pretérito perfecto   Das Perfekt

Das *pretérito perfecto* nutzt du, wenn du über Handlungen und Ereignisse sprechen möchtest, die in der Vergangenheit stattgefunden haben, aber noch einen Bezug zur Gegenwart haben.

Diese Handlungen oder Ereignisse können in einem **Zeitraum** stattgefunden haben, der zwar vergangen ist, aber schon zur Gegenwart zählt:

<u>Hoy</u> *he ido* con mi familia a la Feria.

Es können auch Handlungen und Ereignisse sein, die noch immer **Einfluss** auf die Gegenwart oder sogar die Zukunft haben:

María me *ha enseñado* el baile.

Das *pretérito perfecto* bildest du mit einer Präsensform des Verbes *haber* und dem participio pasado (Partizip Perfekt).

Person	Präsensformen von haber
yo	he
tú	has
él/ella/usted	ha
nosotros/as	hemos
vosotros/as	habéis
ellos/ellas/ustedes	han

Das *participio pasado* erhältst du, indem du die Infinitivendung des Verbes entfernst und bei Verben auf -ar die Endung <u>-ado</u> bei Verben auf -er/-ir die Endung <u>-ido</u> anhängst.

Beispiel:

→ cantar → cant~ar~ + ado = cant**ado**

→ venir → ven~ir~ + ido = ven**ido**

→ comer → com~er~ + ido = com**ido**

> Dies funktioniert übrigens auch bei den Verben ser und ir:
> ser → se~r~ + ido = sido
> ir → ~ir~ + ido = ido

He   **bailado**   **las sevillanas.**
Präsensform von haber   *participio pasado von bailar*

Wichtige unregelmäßige Formen:

→ ver → visto   → morir → muerto

→ leer → leído   → poner → puesto

→ hacer → hecho   → escribir → escrito

→ romper → roto

→ abrir → abierto

→ decir → dicho

Für das *pretérito perfecto* gibt es Signalwörter, die dir anzeigen, dass du es benutzen musst:

* hoy
* esta mañana
* este año
* últimamente
* esta tarde
* esta noche
* esta semana
* …

> Die Unterscheidung zwischen pretérito perfecto und indefinido ist nicht so streng wie z. B. im Englischen. Im Spanischen kommt es immer darauf an, ob ein Zusammenhang mit der Gegenwart hergestellt werden soll (pretérito perfecto) oder ob die Handlung bereits als abgeschlossen angesehen wird (indefinido). In Lateinamerika wird das pretérito perfecto viel seltener als in Spanien verwendet.

3 Los adjetivos

3 1 La comparación de los adjetivos Die Steigerung der Adjektive

Wenn du unterschiedliche Elemente (Personen, Dinge, Ereignisse, ...) miteinander vergleichen möchtest, musst du wie im Deutschen und Englischen auch die Adjektive steigern. Dafür setzt du im Spanischen lediglich die Wörter „*más*" oder „*menos*" vor das Adjektiv.

→ Daniel es **más** *alto* **que** Sofia. Sofia es **más** *baja* **que** Daniel.

→ Daniel es **menos** *bajo* **que** Sofia. Sofia es **menos** *alta* **que** Daniel.

Will man ausdrücken, dass die Eigenschaften gleich sind, so benutzt man die Konstruktion *tan* + Adjektiv + *como*:

→ Daniel es **tan joven como** Sofia.

Diese Unterscheidung kennst du bereits aus dem Deutschen:

🇪🇸	🇩🇪
Sofia es más baja **que** Daniel.	Sofia ist kleiner **als** Daniel.
Sofia es tan joven **como** Daniel.	Sofia ist so jung **wie** Daniel.

Daniel es **más alto que** Sofia, pero **tan joven como** ella porque son mellizos.

3 1.1 El comparativo Der Komparativ

Um Adjektive zu steigern, musst du im Spanischen lediglich die Wörter „*más*" oder „*menos*" vor das Adjektiv setzen. (Komparativ)

→ Aprender la gramática es *importante*, pero entender la gramática es **más importante**.

→ Aprender la gramática es **menos importante** que entender la gramática.

Das kennst du bereits aus dem Englischen bei mehrsilbigen Adjektiven.

→ Studying grammar is *important*, but understanding it is **more important**.

→ Studying grammar is **less important** than unterstanding it.

Die Angleichung der Adjektive bleibt dabei natürlich erhalten.

→ Daniel es **más alto**, Sofia es **más baja**.

→ Daniel es **menos bajo**, Sofia es **menos alta**.

3 1.2 El superlativo   Der Superlativ

Wenn du ausdrücken möchtest, dass etwas oder jemand am besten, längsten, größten, etc. ist, benötigst du den Superlativ.

Für den Superlativ setzt du lediglich den bestimmten Artikel vor den Komparativ:

→ Daniel es **el más alto** de los mellizos. Sofia es **la más baja** de los mellizos. Son **los más jóvenes** de su familia.

Grundform	Komparativ	Superlativ
alto, -a	más/menos alto, -a	el/la más/menos alto, -a
joven	más/menos joven	el/la más/menos joven
Unregelmäßige Formen:		
bueno, -a	mejor	el/la mejor (…)
malo, -a	peor	el/la peor (…)
mucho, -a	más	el/la más …
poco, -a	menos	el/la menos …

3 1.3 El elativo   Der Elativ

Der Elativ ist eine Form des Superlativs, ohne dabei einen Vergleich zu ziehen (absoluter Superlativ). Er wird durch das Anhängen des Suffixes *-ísimo(s)/-ísima(s)* gebildet. Das ursprüngliche Adjektiv verliert dabei seinen Endung.

→ La comida está buenísima.   → (buen**a** → buen**ísima**)

→ Daniel está contentísimo.   → (content**o** → content**ísimo**)

→ Las fiestas en España son chulísimas. → (chul**as** → chul**ísimas**)

Im Deutschen wird der Elativ für gewöhnlich mit Adverbien wie „sehr" oder „wirklich" wiedergegeben:

→ La comida está buenísima.   → Das Essen ist sehr gut.

3 2 La posición de los adjetivos   Die Stellung der Adjektive

Normalerweise steht das Adjektiv im Spanischen nach dem Substantiv:

→ Un chico **alto**.

→ Una mujer **bonita**.

→ Un libro **interesante**.

Vor dem Substantiv stehen die Adjektive für gewöhnlich nur, wenn man sie besonders betonen möchte:

→ Las **bonitas** flores de nuestro jardín.

Beschreiben zwei Adjektive dasselbe Substantiv, können sie entweder beide nachgestellt werden, oder das Substantiv umrahmen:

→ Las chicas **bonitas y listas**.

→ Las **bonitas** chicas **listas**.

Merke: Steht das Adjektiv **vor** dem Substantiv, ist es eine subjektive Einschätzung, steht es **nach** dem Substantiv, ist es eine objektive Beschreibung.

Manche Adjektive verändern ihre Bedeutung je nachdem, ob sie **vor** oder **nach** dem Substantiv stehen:

→ Un **pobre** hombre. (Ein armer (bemitleidenswerter) Mann.)

→ Un hombre **pobre**. (Ein armer Mann (mit wenig Geld).)

Ebenso: grande (großartig – groß)

3 3 El apócope de los adjetivos Das verkürzte Adjektiv

Einige Adjektive verkürzen sich in der maskulinen Form, wenn sie vor einem männlichen Substantiv im Singular stehen. Die Adjektive im Plural verändern sich nicht.

→ Un hombre grande   → Un **gran** hombre

→ Un chico bueno   → Un **buen** chico

→ Un chico malo   → Un **mal** chico

Das Adjektiv grande bedeutet „großartig(e/es)", wenn es vor einem Substantiv steht. In diesem Fall wird es verkürzt, egal ob es weiblich oder männlich ist.

Ejemplo: una gran mujer, un gran músico

adjetivo	ejemplo
alguno	algún alumno
ninguno	ningún problema
bueno	un buen trabajo
malo	un mal ejemplo
primero	el primer hijo
tercero	mi tercer novio
poco, -a	menos

4 Los adverbios   Die Adverbien

Du kennst bereits viele spanische Adjektive. Diese beschreiben immer ein Substantiv und beantworten damit die Frage, wie etwas ist.

→ La Feria de Sevilla es chula. (**Wie ist** die Feria de Sevilla? Sie ist **cool**.)

→ Es una fiesta grande. (**Wie ist** das Fest? Es ist **groß**.)

Die sogenannten Adverbien hingegen beschreiben, wie/wann/wo etwas passiert. Sie beziehen sich entweder auf ein Verb (deshalb der Name Adverb), ein Adjektiv oder sogar auf einen ganzen Satz.

→ Hablo perfectamente español. (**Wie spreche** ich Spanisch? Ich spreche es **perfekt**.)

→ Estoy bien. (**Wie geht** es mir? Es geht mir **gut**.)

→ La gramática es muy importante. (**Wie wichtig** ist die Grammatik? **Sehr** wichtig.)

→ Hoy desayuno. (**Wann frühstücke** ich? **Heute** frühstücke ich.)

→ Te espero aquí. (**Wo warte** ich auf dich? Ich warte **hier** auf dich.)

4 1   Los adverbios derivados   Abgeleitete Adverbien

Du kannst im Spanischen von den meisten Adjektiven Adverbien ableiten. Sie beschreiben, wie etwas passiert (Modaladverbien).

→ Buscamos un lugar *tranquilo* para hablar tranquilamente.

Um Adverbien zu bilden, hängst du einfach -mente an die weibliche Singularform des Adjektivs.

männlich 😃	weiblich 🧒	Adverb
tranquilo	tranquila	tranquilamente
(Adjektiv mit -e)	~	~
normal	normal	normalmente

normal → normalerweise

Hat das Adjektiv einen Akzent, behält es diesen:

männlich 😃	weiblich 🧒	Adverb
fácil	fácil	fácilmente

Unregelmäßige Formen:

männlich 😎	weiblich 😊	Adverb
bueno	buena	bien
malo	mala	mal

 Es ist oft nicht leicht, diesen Unterschied zu erkennen, da man im Deutschen meist dieselbe Form verwendet. Hier kann dir zum Beispiel das Englische weiterhelfen, denn dort wird das Adverb meistens durch das Anhängen von -ly gebildet:

 We search a <u>quiet</u> place to speak quietly.

Im Gegensatz zum Adjektiv musst du das Adverb nie angleichen, weil es nur eine Form hat.

4 2 Otros adverbios   Andere Adverbien

Du kennst auch schon andere Adverbien, die allerdings nicht von Adjektiven abgeleitet werden. Sie beschreiben entweder **wo** etwas passiert (*Lokaladverbien*), oder **wann** etwas passiert (*Temporaladverbien*).

Lokaladverbien (ortsbezogene Adv.)	Temporaladverbien (zeitbezogene Adv.)
aquí, allí, al lado, delante, detrás, …	hoy, ayer, antes, después, …

4 3 La posición de los adverbios   Die Stellung der Adverbien

Für die Stellung der Adverbien im Satz gibt es ein paar Regeln, die du beachten musst.

1. Die Adverbien stehen normalerweise nach dem Verb, auf das sie sich beziehen.

→ Daniel ha *revisado* **detenidamente** todo.

2. Beziehen sie sich auf ein Adjektiv oder ein Adverb, stehen sie vor eben diesem.

→ Su móvil es **muy** importante para él.

3. Lokal-, Temporal- und einige Modaladverbien können auch am Anfang des Satzes stehen.

→ **Aquí** hay una montaña rusa.

→ **Hoy** he comido espaguetis.

→ **Normalmente** es despistado.

5 Los pronombres de objeto Die Objektpronomen

5 1 Los pronombres de objeto directo
Die direkten Objektpronomen

Mit den direkten Objektpronomen kann die Wiederholung eines direkten Objekts vermieden werden. Das direkte Objekt erkennst du im Spanischen daran, dass es meist direkt hinter dem Verb steht.

→ ¿Compras el queso? – Sí, compro el queso. También reparto las invitaciones.

Frage „Wen oder was", um das direkte Objekt zu identifizieren, da es fast immer dem Akkusativobjekt im Deutschen entspricht.

Um das direkte Objekt nicht wiederholen zu müssen, ersetzt du es durch folgende Pronomen:

	Singular	Plural
1. Person	me	nos
2. Person	te	os
3. Person	lo / la	los / las

→ ¿Compras el queso? – Sí, lo compro.

Die Objektpronomen stehen immer direkt vor dem gebeugten Verb.
Es gibt jedoch Ausnahmen:

- Bei bejahten Imperativen werden sie direkt an die Verbform angehängt. Pass auf, dass du dann notwendige Akzente nicht vergisst:
→ Paga la comida. → Págala.

- Bei Infinitiven und dem *gerundio* hast du die Wahl, ob du sie vor das gebeugte Verb stellst *oder* direkt hinten anhängst:
→ Tengo que pagar la comida. → Tengo que pagarla./La tengo que pagar.

→ Estoy pagando la comida.   → Estoy pagándola./La estoy pagando.

Bei Personen musst du aufpassen, da in diesem Fall die Präposition *a* zwischen Verb und Person steht. Es handelt sich aber dabei nicht immer um ein direktes Objekt.

→ Invitamos a nuestros amigos. – Los invitamos.

 In vielen Regionen Spaniens wird bei Personen statt lo/la und los/las immer le und les verwendet.

→ Invitamos a nuestros amigos. – Les invitamos.

 Vorsicht: La ayudo. (= direktes Objekt) ≠ (Ich helfe ihr. = Wem? / Dativ)

Wenn du einen Satz mit dem Objekt beginnen lassen willst, musst du es mit einem Pronomen wiederholen.

→ <u>Las patatas</u> **las** compro yo.

5 2 Los pronombres de objeto indirecto
Das indirekte Objektpronomen

Mit den indirekten Objektpronomen kannst du die Wiederholung des indirekten Objekts vermeiden. Das indirekte Objekt erkennst du im Spanischen oft daran, dass zwischen ihm und dem Verb die Präposition **a** steht.

 Meistens hilft dir auch die Frage „wem", um das indirekte Objekt zu identifizieren, da es häufig dem Dativobjekt im Deutschen entspricht.

 Manche Verben stehen im Spanischen allerdings mit direktem Objekt, während das Deutsche den Dativ fordert.

 Denke daran, dass es sich dabei bei Personen auch um ein direktes Objekt handeln kann.

→ María llama a Sofia.

Um das indirekte Objekt nicht wiederholen zu müssen, ersetzt du es durch folgende Pronomen:

	Singular	Plural
1. Person	me	nos
2. Person	te	os
3. Person	le	les

→ Los alumnos hablan. El profe **les** da los resultados.

 Die indirekten Objektpronomen unterscheiden sich in der Form vom direkten Objektpronomen lediglich in der dritten Person. Du kennst diese Pronomen übrigens bereits dank des Verbs *gustar*:

→ Carlos y Daniel hablan del parkour. **Les** *gusta* este deporte.

Die Position der indirekten Objektpronomen ist dieselbe wie bei den direkten Objektpronomen.

→ El profe **le** da algunas tareas **a María**.

→ **A ella le** gusta la ayuda del profe.

Im Spanischen wird das indirekte Objekt gerne verdoppelt, was aber nicht zwingend notwendig ist. Auch das kennst du bereits durch das Verb *gustar*.

6 La doble negación   Die doppelte Verneinung

Um ein Verb einfach zu verneinen, setzt du im Spanischen „**no**" vor das Verb bzw. Pronomen. Damit drückst du im Spanischen das deutsche „nicht" aus.

→ Sofia **no** va al casting de La Voz Kids. Va María.

→ Sofia geht **nicht** zum Casting von La Voz Kids. María geht da hin.

Um ein Verb einfach zu verneinen, setzt du im Spanischen **no** vor das Verb. In diesem Fall bedeutet **no** „nicht":

→ Sofia **no** va al casting de La Voz Kids.

→ **No** le gusta el programa.

Außerdem gibt es im Spanischen noch andere Wörter, um etwas zu verneinen:

* **nada – nichts**
* **ninguno/a – kein/e**
* **nadie – niemand**
* **nunca – niemals**
* **tampoco – auch nicht**

Bei der einfachen Verneinung stehen sie vor dem Verb bzw. Pronomen:

→ **Nunca** voy a ganar la competición.

→ **Tampoco** voy a cantar bien.

→ A **nadie** le va a gustar la canción.

Außerdem gibt es im Spanischen die doppelte Verneinung. Dann steht no vor dem Verb bzw. dem Pronomen und die Verneinungspartikel nach dem Verb:

→ **No** voy a ganar **nunca** la competición.

→ **No** voy a cantar **tampoco** bien.

→ **No** le va a gustar la canción a **nadie**.

 Eine ähnliche Struktur wie **no + tampoco** kennst du aus dem Englischen: I don't like it either.

7 El estilo indirecto sin cambiar el tiempo verbal
Die indirekte Rede ohne Zeitverschiebung

7 1 El enunciado indirecto   Der indirekte Aussagesatz

Die indirekte Rede wird benutzt, um Aussagen von Personen wiederzugeben. Sie wird in der Regel mit Verben des Sagens und Meinens (*decir, pensar, comentar,* usw.) zusammen mit der Konjunktion *que* verwendet. Dieses *que* darfst du im Spanischen nie mit einem Komma abgrenzen und im Gegensatz zum Englischen auch niemals weglassen.

 Papá dice **que** está pasando unos días estupendos en Argentina.

 Dad says (that) he's spending great days in Argentina.

Papa sagt, dass er schöne Tage in Argentinien verbringt.

Im Gegensatz zum Deutschen ist die Satzstellung in der indirekten Rede dieselbe wie in der direkten Rede.

Um den Unterschied zwischen der direkten und der indirekten Rede zu verstehen, sieh dir die folgende Tabelle an:

Direkte Rede	Indirekte Rede
1. Papá: „Ahora **estamos** en las Cataratas del Iguazú."	Papá dice **que** ahora est**á**n en las Cataratas del Iguazú.
2. Santi: „**Me** gustan estas cataratas."	Santi comenta **que le** gustan estas cataratas.
3. Papá: „Todo es muy bonito **aquí**."	Papa cuenta **que** todo es muy bonito **allí**.
4. Mamá: „Pronto voy a ver a **mi** marido otra vez."	Mamá dice **que** pronto va a ver a **su** marido otra vez.
5. Sofia (a su padre): „Es injusto. **Tú estás** en Argentina y **yo tengo que** quedar**me aquí**."	Sofia le dice a su padre **que** es injusto. Que **él está** en Argentina y **que ella tiene que** quedar**se allí**.

Wie du siehst, kann sich in der indirekten Rede neben der Verbform je nach Sinn Folgendes ändern:

- Die Personalpronomen (Satz 5)
- Die Objektpronomen (Satz 2)
- Adverbien (Satz 3)
- Possessivbegleiter (Satz 4)

> Denke deshalb immer daran, wer mit wem und über wen spricht, wenn du die indirekte Rede benutzt, damit du die richtigen Veränderungen vornimmst.

Wenn du mehrere Sätze in der direkten Rede wiedergeben möchtest, musst du *que* jedes Mal wiederholen. Das gilt auch für Konjunktionen.

Direkte Rede	Indirekte Rede
Papá: „Todo es muy bonito aquí. Quiero volver a Argentina pronto."	Papá dice **que** todo es muy bonito allí **y que** quiere volver a Argentina pronto.
Papá: „Todo es muy bonito aquí, pero quiero ver otra vez a mi familia."	Papá dice que todo es muy bonito allí **pero que** quiere ver otra vez a su familia.

7 2 La interrogación indirecta Die indirekte Frage

Möchtest du in der indirekten Rede die Frage eines Sprechers wiedergeben, so brauchst du die indirekte Frage. Sie folgt denselben Regeln wie der indirekte Aussagesatz, nur dass statt der einleitenden Konjunktion *que* ein Fragewort stehen muss.

- Steht in der direkten Frage bereits ein Fragewort (Teilfragen), so wird dieses statt der Konjuktion *que* verwendet:

direkte Frage	indirekte Frage
Daniel: ¿Cuándo llega papá a casa?	Daniel pregunta **cuándo** llega papá a casa.

Die Fragewörter tragen wie in der direkten Frage ebenfalls immer einen Akzent.

- Steht in der direkten Frage kein Fragewort, so handelt es sich dabei um Entscheidungsfragen (mögliche Antworten: „Ja" oder „Nein"). In diesem Fall wird die indirekte Frage mit dem Wörtchen **si** (= dt.: ob) eingeleitet:

direkte Frage	indirekte Frage
Sofia: ¿A papá le gusta Argentina?	Sofia quiere saber si a papá le gusta Argentina.

Die Satzstellung in der indirekten Frage ist dieselbe wie in der direkten Frage. Achte darauf, dass du in der indirekten Frage kein Fragezeichen mehr setzt! Die Änderungen beim Wechsel in die indirekte Rede gelten auch für die indirekte Frage.

Sofia: ¿papá me va a traer algo?	Sofia pregunta si papá le va a traer algo.
Mamá: Sí.	Mamá contesta que sí.

8 Oraciones impersonales con „se"   Unpersönliche Ausdrücke mit „se"

Die Verbinung „se" + 3. Person (Singular oder Plural) wird im Deutschen häufig mit „es wird …" oder „man …" übersetzt:

→ En alemán **se traducen** estas expresiones con *„es wird …"* oder *„man …"*.

Das Verb muss dabei immer an das Substantiv angepasst werden, auf das es sich bezieht:

→ Así **se hace** el salto. (So macht man den Sprung.)

→ Así **se hacen** los saltos. (So macht man die Sprünge.)

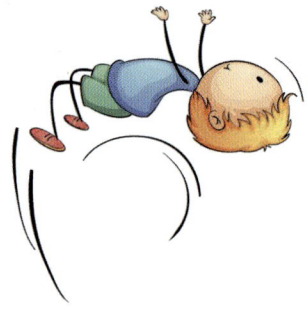

9 La conexión de frases Die Verknüpfung von Sätzen

9 1 La hipotaxis Die Hypotaxe

Die Hypotaxe beschreibt das Verknüpfen von Haupt- und Nebensätzen.

Im Gegensatz zum Deutschen werden Nebensätze im Spanischen nicht immer mit Kommata abgetrennt. Im Spanischen musst du beachten, ob die zusätzliche Information für die Aussage wichtig ist oder nicht.

→ Las cataratas <u>que están en el norte de Argentina</u> se llaman Cataratas del Iguazú.
(Genau diese Wasserfälle, nicht irgendwelche; deshalb ohne Komma.)

→ Gerald, <u>que es padre de mellizos</u>, está en Argentina.
(Dass Gerald Vater von Zwillingen ist, hat nichts damit zu tun, dass er in Argentinien ist; deshalb mit Komma.)

Steht der Nebensatz vor dem Hauptsatz, wird immer ein Komma benutzt:

→ Cuando Gerald estuvo en Argentina, visitó las Cataratas del Iguazú.

Um Haupt- und Nebensätze zu verknüpfen, benötigst du Konnektoren. Diese werden in verschiedene Kategorien eingeordnet, je nachdem, welche Aussage in dem Nebensatz getroffen wird.

9 1.1 La oración relativa Der Relativsatz

Relativsätze geben zusätzliche Informationen. Um einen Relativsatz mit dem Hauptsatz zu verbinden, brauchst du lediglich das entsprechende Pronomen.

Information 1	Information 2	Verknüpfung
Gerald está en Argentina.	Gerald es padre de mellizos.	Gerald, **que** es padre de mellizos, está en Argentina.
Las cataratas son muy grandes.	Las cataratas están en el norte de Argentina.	Las cataratas **que** están en el norte de Argentina se llaman Cataratas del Iguazú.
En España está la casa de Gerald.	En España le espera su familia.	En España, **donde** le espera su familia, está la casa de Gerald.

Bezieht sich der Relativsatz auf Personen, Tiere, Dinge, usw. benutzt man das Relativpronomen „que". Dabei gibt es nur diese eine Form.

Bezieht sich der Relativsatz auf einen Ort, benutzt man das Relativpronomen „donde".

Beachte, dass das Relativpronomen keinen Akzent trägt!

9 1.2 La oración causal Der Kausalsatz

Ein Kausalsatz gibt einen Grund an, antwortet also auf die Frage „Warum?".
Als Konnektor dient somit beispielsweise *„porque"*.

→ El padre de los mellizos ve muchos países **porque** es piloto.

Andere Konnektoren für Kausalsätze:

→ *ya que, puesto que, visto que, dado que, …*

La causa = der Grund

9 1.3 La oración temporal Der Temporalsatz

Ein Temporalsatz gibt den Zeitpunkt oder den Zeitraum an.

→ **Cuando** Gerald estuvo en Argentina, visitó las Cataratas del Iguazú. when als

Cuando trägt als Konjunktion keinen Akzent!

Andere Konnektoren für Temporalsätze:

→ *mientras (que), siempre que, en cuanto, …*

El tiempo = die Zeit

9 1.4 La oración local Der Lokalsatz

Ein Lokalsatz gibt einen Ort an. Er wird normalerweise als Relativsatz gebraucht.

→ En España, **donde** le espera su familia, está la casa de Gerald.

9 1.5 La oración consecutiva Der Konsekutivsatz

Ein Konsekutivsatz zeigt eine Konsequenz an.

→ Gerald está en Argentina sin su familia, **por lo tanto** no puede ver a su mujer.

→ Su familia está en casa, **así (es) que** no pueden ver las cataratas.

Andere Konnektoren für Konsekutivsätze:

→ *por consiguiente, luego, conque, …*

consecuencia → oración *consecutiva*

9 1.6 La oración concesiva Der Konzessivsatz

Der Konzessivsatz drückt einen logischen Widerspruch aus.

→ **Aunque** a Gerald le gusta Argentina, quiere volver a casa.

Andere Konnektoren für Konzessivsätze:

→ *a pesar de que, por más que, pese a que, …*

9 1.7 La oración adversativa Der Adversativsatz

Der Adversativsatz drückt einen nicht logischen Gegensatz aus.

→ A Gerald le gusta volar, **mientras que** a su mujer no.

Andere Konnektoren für Adversativsätze:

→ *pero, en vez de (que), …*

9 2 La parataxis Die Parataxe

Außerdem kannst du gleichwertige Sätze verknüpfen (Parataxe), wie zwei Hauptsätze oder zwei Nebensätze. Dazu werden meist die Konnektoren „y" und „o" gebraucht (additiv) oder „pero", „en cambio", etc … (adversativ).

→ Te veo. Te quiero besar. → Te veo **y** te quiero besar.

→ Te quiero besar. Te quiero abrazar. → Te quiero besar **o** (te quiero) abrazar.

9 3 Otros conectores Andere Konnektoren

Um Sätze sinnstiftend miteinander zu verbinden, ohne sie in einen Satz zusammenzufassen, werden ebenfalls Konnektoren gebraucht:

→ El padre de los mellizos está en Argentina. **Por eso** les escribe postales. **(konsekutiv)**

→ Quiere volver a casa. **Es que** echa de menos a su familia. **(kausal)**

→ Le gusta Argentina. **Sin embargo** quiere volver a España. **(adversativ)**

→ Ha visto las ciudades. **También** ha visto las Cataratas del Iguazú. **(additiv)**

→ **Además** ha visto las Cataratas del Iguazú. **(additiv)**

→ Quiere volver a España. **Allí** le espera su familia. **(lokal)**

→ Viajó a Argentina. **Después** volvió a casa. **(temporal)**

10 Números y cantidades   Zahlen und Mengenangaben

10 1   Los números cardinales hasta 100   Die Grundzahlen bis 100

Du kennst bereits die Zahlen bis 20:

0	cero			
1	uno	11	once	
2	dos	12	doce	
3	tres	13	trece	
4	cuatro	14	catorce	
5	cinco	15	quince	
6	seis	16	dieciséis	
7	siete	17	diecisiete	
8	ocho	18	dieciocho	
9	nueve	19	diecinueve	
10	diez	20	veinte	

> Die Endung der Zehner von 40 bis 90 lautet immer **-enta**.
>
> Das Spanische cien bedeutet „Hundert" und „Einhundert". Deshalb darfst du hier **kein** „un" davor setzen.

Jetzt lernst du weitere Zahlen bis 100 kennen.

20	veinte	30	treinta	40	cuarenta
21	veintiuno	31	treinta y uno	41	cuarenta y uno
22	veintidós	32	treinta y dos	42	cuarenta y dos
23	veintitrés	33	treinta y tres	43	cuarenta y tres
24	veinticuatro	34	treinta y cuatro	50	cincuenta
25	veinticinco	35	treinta y cinco	60	sesenta
26	veintiséis	36	treinta y seis	70	setenta
27	veintisiete	37	treinta y siete	80	ochenta
28	veintiocho	38	treinta y ocho	90	noventa
29	veintinueve	39	treinta y nueve	100	cien

Die Zahlen von 21 bis 29 werden die Einer direkt an die Zahl 20 angehängt. Das -e am Ende von veinte wird dabei zu einem -i-.

Bei den Zahlen von 31 bis 99 werden die Zehner und Einer mit dem Wörtchen „y" verbunden, dabei aber getrennt voneinander geschrieben.

Bei den Zahlen 60, 70 und 90 sowie deren Verbindungen wird der erst Vokal nicht wie bei den Einern diphthongiert.

Im Spanischen kommen die Zehner im Gegensatz zum Deutschen immer vor den Einern. Man spricht die Zahlen also in der Reihenfolge, in der sie geschrieben werden. Das kennst du bereits aus dem Englischen:

 fifty-two

 cincuenta y dos

 zweiundfünfzig

Achte auch auf die Verbindung der Zahlen: Im Deutschen und Spanischen steht ein „und" (bzw. „y") zwischen den Bestandteilen, im Englischen nur ein Bindestrich.

Hier lernst du auch noch die Zahlen bis 1000 kennen:

100	cien	200	doscientos, -as	600	seiscientos, -as
101	ciento uno	210	doscientos diez	700	setecientos, -as
102	ciento dos	300	trescientos, -as	800	ochocientos, -as
103	ciento tres	400	cuatrocientos, -as	900	novecientos, -as
104	ciento cuatro	500	quinientos, -as	1000	mil

Folgen nach „cien" noch Zehner und/oder Einer, wird „cien" zu „ciento".

Die Zahlen 200 bis 900 stehen immer im Plural und werden im Geschlecht an das nachfolgende Nomen angeglichen. Folgen danach Zehner oder Einer, entfällt die Angleichung.

Beachte die Sonderform „quinientos, -as". Bei den Zahlen 700 und 900 entfällt wie bei den Zahlen 70 und 90 die Diphthongierung.

Bei der Zahl *mil* darfst du wie bei *cien* aus demselben Grund **kein** „un" davor setzen.

Wie du weißt, spricht man die Zahlen im Spanischen in der Reihenfolge, in der sie geschrieben werden. Deshalb stehen immer zuerst die Hunderter, dann die Zehner und zuletzt die Einer:

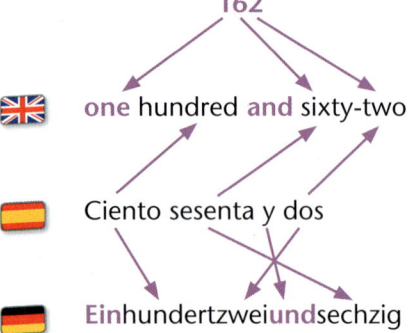

162

🇬🇧 **one** hundred **and** sixty-two

🇪🇸 Ciento sesenta y dos

🇩🇪 **Ein**hundertzwei**und**sechzig

10 2 Los números ordinales   Die Ordnungszahlen

Ordnungszahlen bringen – wie der Name vermuten lässt – Personen, Dinge, usw. in eine Ordnung, eine Reihenfolge. Sie richten sich in Geschlecht und Anzahl wie die Adjektive (z. B. simpático, -a, -os, -as) nach dem Substantiv (z. B. los profesores), auf das sie sich beziehen und stehen in der Regel **vor** dem Substantiv.

🇪🇸 Es **vuestro segundo** año de espanol.

🇩🇪 Dies ist für euch **das zweite** Lernjahr Spanisch.

🇪🇸 La **tercera** fase de „La Voz Kids" es la final.

🇩🇪 **Der dritte** Teil von „The Voice Kids" ist das Finale.

1°/1ª	primer(o), -a
2°/2ª	segundo, -a
3°/3ª	tercer(o), -a
4°/4ª	cuarto, -a
5°/5ª	quinto, -a
6°/6ª	sexto, -a
7°/7ª	séptimo, -a
8°/8ª	octavo, -a
9°/9ª	noveno, -a
10°/10ª	décimo, -a

Primero und **tercero** werden vor *männlichen* Substantiven verkürzt:
→ *El* prim**er** día de clase.
→ *El* terc**er** lugar en popularidad.

Folgt danach kein Substantiv, werden sie wie alle anderen nicht verkürzt:
→ Es *el* primero.

Beim Datum werden im Spanischen außer für den ersten Mai (Feiertag) die Grundzahlen und nicht wie im Deutschen die Ordnungszahlen verwendet:

→ El día de Navidad es el **veinticinco** de diciembre. *(Grundzahl: fünfundzwanzig)*

→ Ausnahme: El **Primero** de Mayo también es fiesta en España. *(Ordnungszahl: der erste)*

→ Der erste Weihnachtsfeiertag ist am **fünfundzwanzigsten** Dezember.
(Ordnungszahl: der fünfungzwanzigste)

→ Der erste Mai ist in Deutschland ein Feiertag. *(Ordnungszahl: der erste)*

10 3 Las cantidades Die Mengenangaben

Im Spanischen steht zwischen der Mengenangabe und den Substantiven immer die Präposition **de**:

1 kg.	un kilo **de** patatas
½ kg.	medio kilo **de** harina
1 ½ kg.	un kilo y medio **de** azúcar
2 l.	dos litros **de** agua
	tres barras **de** pan
	cuatro bolsas **de** patatas fritas
	cinco botellas **de** naranjada

Im Gegensatz zum Deutschen stehen Maß- und Mengenangaben im Spanischen auch im Plural.
→ **Un** kilo de patatas.
→ **Dos** kilo**s** de patatas.

 Ein Kilo / Zwei Kilo Kartoffeln.

Medio, -a steht immer ohne Artikel und wird an das nachfolgende Substantiv angeglichen:

→ Quiero medi**o** kil**o** de tomates.

→ Necesito medi**a** barr**a** de pan.

 Ich möchte ein halbes Kilo Tomaten.

 Ich brauche eine halbe Stange Brot.

Comunicarse en clase y entender tareas

Para trabajar con documentos (fotos, vídeos, textos, …)

¿Recuerdas …?	Erinnerst du dich an … ?
Busca en el texto todas las expresiones que se refieren a …	Suche im Text alle Ausdrücke, die sich auf … beziehen.
Resume el contenido.	Fasse den Inhalt zusammen.

Para hacer ejercicios y cumplir tareas

¿Qué te llama la atención?	Was fällt dir auf?
Relaciona X con Y.	Verbinde X mit Y.
X se refiere a Y.	X bezieht sich auf Y.
Compara X con Y.	Vergleiche X mit Y.
Cambia … / Sustituye X por Y.	Tausche … / Ersetze X durch Y.
Encuentra … que corresponde / correspondiente a …	Finde … der/die/das … entspricht.
Apunta / Toma apuntes / Anota …	Notiere …
Conjuga X en Y.	Setze das Verb X in die richtige Form in der Zeit Y.
Busca un título / la respuesta correcta / las estructuras para expresar X / las formas de X.	Suche eine Überschrift / die richtige Antwort / die Redemittel, um X auszudrücken / die Formen von X.
En favor, en contra / Los pros y contras	Dafür und dagegen
Usa las herramientas / las abreviaturas.	Verwende die Redemittel / Abkürzungen.
Marca …	Markiere …
Contesta las (siguientes) preguntas.	Beantworte die (folgenden) Fragen.
Escribe palabras claves.	Schreibe Stichworte auf.
Justifica tu decisión.	Begründe deine Entscheidung.
Diseña …	Zeichne …
… según el modelo.	… wie im Beispiel.

Para averiguar y presentar algo

Búsqueda en internet: Infórmate en la red / esta página web sobre …	Netzrecherche: Suche im Internet / auf dieser Seite Informationen über …
Investiga sobre …	Recherchiere zum Thema …
Consigue material.	Treibe Material auf.
… que representa …	… das für … steht
Imprime fotos.	Drucke Fotos aus / Lass Fotos entwickeln.
Confecciona un cartel.	Erstelle ein Poster.
Graba …	Nimm … auf.
Redacta un texto.	Schreibe einen Text.
Intenta …	Versuche …
Presenta un informe corto a los demás.	Halte den anderen eine informative Kurzpräsentation.
Colgad X en la pared.	Hängt X an die Wand.
… para ilustrar …	um … zu veranschaulichen.

Para trabajar con un/a compañero/-a

Trabajad en parejas / grupos de X.	Arbeitet zu zweit / in Gruppen mit X Mitgliedern.
Sube el dibujo / Muestra a tu compañero …	Hebe das Bild hoch / Zeig deinem Partner …
Haced un paseo por el pasillo.	Macht einen Spaziergang über den Schulflur.
Mezclad con …	Tauscht Partner mit … / Mischt euch mit …
Jugad en grupos de X con los dados / a los roles: …	Spielt in Gruppen zu je X Mitgliedern mit Würfeln / ein Rollenspiel mit folgenden Rollen: …
Intercambia tu opinión con tus compañeros.	Tausche dich mit deinen Mitschülern über deine Meinung aus.

Bildnachweis

Böhm, Elisabeth, Bamberg: Cover
Getty Images: Cultura RM / Dale Reubin: Cover
Thinkstock: Photodisc / Christof Koepsel: Cover – Photodisc / Jack Hollinsworth: Cover
Thinkstock / iStock: Anna Omelchenko: Cover – maszas: Cover – fightbegin: Cover –
colematt: – S. 22